BIBLIOTHÈQUE SPÉCIALE DE LA SOCIÉTÉ
DES
AUTEURS ET COMPOSITEURS DRAMATIQUES

LE BOIS DU VÉSINET

COMÉDIE-VAUDEVILLE EN UN ACTE

PAR

M. A. DELACOUR

Représenté pour la première fois, à Paris, sur le Théâtre des VARIÉTÉS, le 28 décembre 1875.

PARIS

DENTU, ÉDITEUR

SOCIÉTÉ DES AUTEURS ET COMPOSITEURS DRAMATIQUES
DE LA SOCIÉTÉ DES GENS DE LETTRES
PALAIS-ROYAL, 17 ET 19, GALERIE D'ORLÉANS

1876

LE

BOIS DU VÉSINET

Poissy. — Typ. S. Lejay et Cie.

LE BOIS
DU VÉSINET

COMÉDIE-VAUDEVILLE EN UN ACTE

PAR

M. A. DELACOUR

Représentée pour la première fois, à Paris, sur le Théâtre des VARIÉTÉS,
le 28 décembre 1875.

PARIS
E. DENTU, ÉDITEUR
LIBRAIRE DE LA SOCIÉTÉ DES AUTEURS ET COMPOSITEURS DRAMATIQUES
ET DE LA SOCIÉTÉ DES GENS DE LETTRES
PALAIS-ROYAL, 17 ET 19, GALERIE D'ORLÉANS

—

1876

PERSONNAGES

LUDOVIC DE SAINT-VIGOR............ MM.	Berthelier.
COQUILLON.........................	Pradeau.
CAROLINE, femme de Coquillon.......... Mlles	Geslin.
MUSQUETTE.........................	Angèle.
NINI...............................	Grinassi.
TATA...............................	Stella.
BIDOIS, domestique de Coquillon.........	M. Germain.

Au Vézinet, de nos jours.

LE
BOIS DU VÉSINET

Salon. — Trois portes au fond, avec stores, ouvrant sur un jardin. — Deux portes à droite; entre les deux portes, petit meuble, et glace au-dessus. — Table à gauche.

SCÈNE PREMIÈRE

COQUILLON, puis CAROLINE.

COQUILLON, au fond à la cantonnade.
A demain, docteur, à demain...
CAROLINE, entrant par la gauche avec curiosité.
Eh, bien! Qu'a dit le médecin ? *
COQUILLON.
Toujours la même chanson... « Impossible de le transporter en ce moment... »
CAROLINE.
Après tout, ce jeune homme ne nous gêne pas...
COQUILLON.
Il ne nous gêne pas.. non.. mais c'est ennuyeux... J'achète un terrain au Vésinet... 25 centimes le mètre, payable en quatre ans. J'y fais bâtir un châlet .. nous venons nous y établir... et voilà qu'on fait de mon immeuble une maison de santé !

* Caroline, Coquillon.

CAROLINE.
C'est votre faute... Pourquoi choisir un emplacement dans une partie déserte du bois... à côté d'une clairière, où, tous les jours, on vient se battre en duel!.

COQUILLON.
Est-ce que je savais?

CAROLINE.
Aussi, dès qu'un des adversaires est blessé...

COQUILLON.

Air : *de l'Écu de 6 francs.*

Crac! on vient sonner à ma porte,
Un docteur! vite!... Du secours!
C'est un blessé que l'on m'apporte,
En voilà trois en quinze jours.
Trois moribonds en quinze jours!
A la longue, ça m'exaspère,
Ça m'attriste... ça m'assombrit...
Ça me taquine, ça m'aigrit...
Oui, ça m'aigrit le caractère.

CAROLINE.
Oh! les deux premiers...

COQUILLON.
Passe encore... Ils n'ont pas séjourné longtemps, mais le 3e.. M. Ludovic de Saint-Vigor... voilà 4 jours!

CAROLINE.
Il paraît que c'était grave...

COQUILLON.
Six pouces de fer dans la poitrine... m'a dit son médecin... car je ne les ai pas vus...

CAROLINE.
Nous étions à Paris, quand on l'a transporté ici. (Elle va à droite, vers la glace.)

COQUILLON, s'asseyant à droite *.
Comme c'est agréable... vous rentrez chez vous, croyant vous mettre tranquillement à table... et vous trouvez un monsieur, installé dans votre salon... avec six pouces de fer dans la poitrine.

CAROLINE.
Il y a donc bien des duels à Paris?

* Coquillon, Caroline.

COQUILLON.

C'est une épidémie... qui sévit en ce moment... Mon journal appelle ça un des signes du temps...

CAROLINE.

Oh ! du temps... on s'est toujours battu.

COQUILLON.

Plus ou moins... Et puis, ça dépend des professions.. Dans mon ancien commerce, dans la laine... Il n'y a pas d'exemple de duel...

CAROLINE, souriant.

La laine adoucit les mœurs...

COQUILLON, se levant.

Une fois, pourtant, j'ai bien failli... C'était en 1842... Au café des Marmouzets... Au domino à 4. J'étais avec Robinet... Tu sais bien, Robinet... de la rue Mandar...

CAROLINE.

Oui.

COQUILLON.

J'avais cinq blancs... naturellement j'ouvre les blancs Camusard boude... Tu sais bien... Camusard... de la rue Montorgueil...

CAROLINE.

Allez donc...

COQUILLON.

Robinet bouche le blanc... Je ne dis rien, mais je rage.. le coup suivant, je rouvre les blancs... Robinet avait le six-blanc... Sais-tu ce qu'il fait ?.. il met six partout... au lieu de blanc partout... La colère me prend... Je l'appelle imbécile.

CAROLINE.

Oh !..

COQUILLON.

Tu vas voir... Il se lève... et me flanque le plus rude soufflet...

CAROLINE.

Oh !

COQUILLON.

Tu vas voir... Je me lève à mon tour... Et je lui dis « recommencez pour voir. » Il n'a pas recommencé.

CAROLINE, le regardant avec ironie.

Et vous avez continué votre partie ?

COQUILLON.

Nous l'avons même gagnée.

CAROLINE, s'éloignant à part en haussant les épaules.
Marchand de laines, va!...

SCÈNE II

Les Mêmes, BIDOIS.

BIDOIS, entrant avec un plateau*.
Voici le déjeuner...

COQUILLON**.
Ah! Bidois... M. de Saint-Vigor est-il réveillé?

BIDOIS.
Oui, monsieur... le coiffeur le quitte à l'instant.

COQUILLON
Prévenez-le que nous allons nous mettre à table.

CAROLINE.
Allez-y vous-même... Ce sera plus convenable...

COQUILLON.
Tu as raison. (Il va à la première porte de droite et frappe discrètement.) Je l'entends marcher. (La porte s'ouvre et Ludovic paraît. — Tenue de petit crevé. Veston court, raie au milieu de la tête, cheveux frisés, favoris, lorgnon dans l'œil. Il marche doucement et parle avec lenteur.)

SCÈNE III

Les Mêmes, LUDOVIC.

LUDOVIC, entrant.
Ah! c'est vous, cher M. Coquillon... (Saluant Caroline.) Madame!...

COQUILLON.
Comment allez-vous, ce matin?

LUDOVIC.
Le docteur me trouve encore bien faible.

COQUILLON.
Oui, il me l'a dit... Impossible de vous transvaser à Paris...

LUDOVIC.
C'est idéal!... Car enfin, je vous ennuie depuis quatre jours...

* Bidois, Caroline, Coquillon.
** Bidois, Caroline, Coquillon, Ludovic.

CAROLINE.

Oh ! ne le croyez pas.

LUDOVIC.

Vous devez vous dire : « C'est... un gêneur... ce bonhomme... Il ne s'en ira donc pas!...

COQUILLON, se récriant.

Oh!... oh!... Pouvez-vous croire... nous allions nous mettre à table... et j'allais vous proposer...

LUDOVIC, remettant son lorgnon, qui tombe toujours.

Pas moyen... diable de lorgnon!... Le médecin me le défend.

COQUILLON.

Encore la diète...

LUDOVIC.

Rien que du thé... Je viens d'en prendre trois tasses.. C'est idéal ! Certainement, le thé... c'est bon !... je l'adore...

COQUILLON.

Mais tous les jours...

LUDOVIC.

C'est idéal ! Mettez-vous à table... déjeunez sans moi... je vais m'étendre... (Il s'installe à droite, dans un grand fauteuil que Bidois approche.)

CAROLINE.

Pauvre garçon !

COQUILLON, l'installant.

Êtes-vous bien ?... Un tabouret... sous vos pieds... (Bidois le lui donne.)

LUDOVIC.

Déjeunez... très-cher... déjeunez...

COQUILLON, bas à Caroline en allant se mettre à table, à gauche.)

Du thé!... du thé!...

CAROLINE.

Puisque le médecin l'ordonne.

COQUILLON, bas, s'asseyant et déjeunant.

Ses forces ne reviendront pas avec du thé... et si elles ne reviennent pas, il ne pourra pas s'en aller.

BIDOIS, bas à Coquillon en le servant.

Monsieur, hier il a eu une indigestion.

COQUILLON, bas.

Imbécile, puisque depuis trois jours il n'a pas mangé.

BIDOIS, confus.

Dam !...

1.

LUDOVIC.
Les journaux parlent-ils de moi, ce matin?...
COQUILLON.
Non... mais ils en ont parlé... Le *Figaro* a raconté votre duel... avec tous les détails...
LUDOVIC.
Oui... je sais... madame me l'a lu.
COQUILLON.
Ils ont mis mon nom en toutes lettres... Par exemple, ils n'ont pas dit la cause de votre duel...
CAROLINE.
Par discrétion... peut-être...
COQUILLON.
Quelqu'affaire de femme...
LUDOVIC.
Vous ne la connaissez donc pas?
COQUILLON.
Nous n'avons pas osé vous la demander...
LUDOVIC.
C'est idéal!... J'étais au *Mirliton*... car je suis du *mirliton*.
CAROLINE, bas à Coquillon.
Qu'est-ce que c'est?
COQUILLON, bas à Caroline.
Je n'en sais rien... mais il paraît qu'il en est...
LUDOVIC, étendu dans son fauteuil et jouant avec son lorgnon.
Je suis aussi du *Sporting* et du *Betting*... mais je n'y vais jamais... Le *Sporting* et le *Betting* c'est assommant... le *mirliton* c'est gai.
COQUILLON, faisant le geste de jouer du mirliton.
Oui, très-gai.
CAROLINE, bas.
Tais-toi donc...
LUDOVIC.
Nous causions... On parlait du *Handicap* et des chevaux de trois ans... Tout à coup, le petit vicomte dit : « Je ne crois pas à la vertu des femmes. » Ça me fait bondir... moi, je veux qu'on respecte les femmes.
CAROLINE.
C'est très-bien.
LUDOVIC, jouant avec son lorgnon.
Vous comprenez... quand on a une mère, une sœur...

des tantes... des cousines... Si on n'avait pas de famille... mais quand on a de la famille... ça fait bondir... Alors, je lui dis : « Très-cher, ce que tu dis là est infect... » Il me répond : « C'est comme ça. » Je lui répète : « C'est infect... » Il me donne sa carte... Je lui donne la mienne... et nous nous sommes battus... (Il se lève.)

COQUILLON, se levant de table.

Pour ça ?

LUDOVIC.

Moi, d'abord... je veux qu'on respecte les femmes...

COQUILLON.

C'est égal !... six pouces de fer dans la poitrine...

LUDOVIC.

Je ne les regrette pas... je ne dirai pas que ça ne fait rien... certainement ça fait quelque chose... Si ça arrivait tous les jours, ça serait même gênant... mais une fois... par hasard... un matin... en se levant...

COQUILLON.

Cependant...

LUDOVIC.

Les amis m'ont blagué... ça m'est égal !... J'ai les femmes pour moi... n'est-ce pas, chère madame Coquillon ? (Il tend sa main à Caroline pendant que Coquillon remonte prendre les journaux sur un meuble. Bidois a enlevé le plateau et est sorti.)

CAROLINE, lui donnant la main.

Certainement... (Poussant un petit cri et retirant sa main que Ludovic a serrée.) Oh!

COQUILLON, revenant.

Quoi donc ?

LUDOVIC.

C'est moi... un élancement dans la poitrine.

COQUILLON.

Vous avez trop parlé. Tenez, voici le journal, nous allons vous laisser lire tranquillement... Reposez-vous.

LUDOVIC.

Merci... cher monsieur Coquillon.

COQUILLON, bas à sa femme.

Tu as beau dire... six pouces de fer dans la poitrine pour ça...

CAROLINE.

C'est superbe !

COQUILLON.

C'est bête ! (Ils entrent à gauche.)

SCÈNE IV

LUDOVIC, puis BIDOIS.

LUDOVIC, s'assurant qu'ils sont partis et se levant vivement.
Allures et manières de parler très-dégagées.

Ouf !... Voici l'histoire... C'était au café de Suède... on parlait de l'avenir de la France... et de la bière anglaise... Je dis que la bière engraisse... Bezuchon me soutient qu'elle maigrit... Nous échangeons quelques mots d'esprit... Je l'appelle grenouille, il m'appelle crapaud... Rendez-vous est pris pour le lendemain... nous arrivons au Vésinet avec nos témoins... plus un élève de l'école d'Alfort qui, en sa qualité de vétérinaire, s'était offert comme médecin... A peine en garde, je pousse un cri... J'étais blessé... C'est bête à dire, mais je m'évanouis... on me transporte ici... Personne qu'un domestique qui se sauve... Je reviens à moi... je me tâte... Rien... L'élève d'Alfort m'examine... en sa qualité de... médecin... une simple piqûre sur une côte. Il me colle un timbre poste de vingt-cinq centimes... sur la poitrine... et nous allions nous remettre en route... quand les Coquillon rentrent... Je reconnais la femme... une ancienne marchande de tabac... de la rue Taitbout... expropriée, il y a deux ans, pour cause de mariage... Je reste, dis-je aussitôt... et je me jette dans ce fauteuil... Le vétérinaire me comprend... et déclare à Coquillon qu'il est impossible de me ramener à Paris. On m'installe dans cette chambre... on me couche... et voilà ! Chaque matin, l'élève d'Alfort vient me faire sa visite... et chaque matin, même refrain : « C'est grave... attendons ! » Et les Coquillon attendent... Du reste, je ne leur coûte pas cher à nourrir... quelques tasses de thé le matin... Rien à déjeuner... rien à dîner... Je vais prendre mes repas... à Paris... la nuit... Je soupe au Helder... J'aime mieux cela.

RONDEAU.

Air : *de M. Boulard.*

Quand tout dort ici, je m'esquive,
Et je grimpe en chemin de fer.
A Paris, lestement j'arrive
Et cours au café du Helder.
Il est minuit!... Partout la joie!
Les petits coupés au dehors!...
Au dedans, le velours, la soie,
Se glissant dans les corridors.
Partout retentit la sonnette...
« Au dix... au seize... » on a sonné,
Voici le souper... je le fête,
En homme qui n'a pas diné...
O brave, Coquillon, sommeille!...
En me voyant ainsi traité,
Tu comprendrais pourquoi, ma vieille,
Chez toi, je ne bois que du thé.
Quel bruit!... On chante... on danse, on brise...
Louloute imite le garçon...
A son tour, la grande Louise
Imite Pérez et Baron;
Pendant qu'Hippolyte l'embrasse,
Amanda grave, sans façon,
Le nom d'Arthur sur une glace
Avec la bague de Léon.
La nuit avance... et l'on propose
Pour terminer, un petit bac...
Le jour vient... la séance est close.
On part .. sur un air d'Offenbac :
Paul avec la blonde Lucile,
Le petit duc, avec Cora,
La belle Hortense avec Émile,
Léontine... avec qui voudra.
Moi, solitaire, je m'esquive,
Et regrimpant dans un wagon,
Au Vézinet bientôt j'arrive
Sans réveiller les Coquillon.
    Tra deri dera déron,
    Enfoncé le Coquillon.

(Il danse comiquement sur la ritournelle.)

BIDOIS entrant par le fond et le surprenant.

Ah! Il danse...

* Ludovic, Bidois.

LUDOVIC, à part.

Bidois !

BIDOIS.

Monsieur va mieux ?...

LUDOVIC.

Oui... J'essayais mes forces... Et puis le docteur me recommande un peu d'exercice...

BIDOIS.

Monsieur c'est une dame... une jolie dame ..... avec un chignon... qui voudrait voir monsieur...

LUDOVIC.

Une dame avec un chignon. (Apercevant Musquette au fond à part). Sapristi ! Musquette ! (Haut). Fais entrer, et laisse-nous... (Il se précipite dans un fauteuil à gauche).

BIDOIS remontant.

Oui... monsieur... Entrez, madame. (Il introduit Musquette et sort).

SCÈNE V

LUDOVIC, MUSQUETTE.

MUSQUETTE.

Ah ! le voilà !... J'arrive à temps... Ludovic... mon Ludovic... (Elle se précipite sur lui et l'embrasse).

LUDOVIC se dégageant. *

Prends garde... ne me remue pas... (Il indique le côté droit de sa poitrine).

MUSQUETTE.

Ne crains rien... Pauvre chéri !...

LUDOVIC.

Le docteur me recommande le repos.... dans ce fauteuil.

MUSQUETTE.

Il a raison... Attends... je vais m'asseoir là... près de toi... (Elle va chercher une chaise).

LUDOVIC à part.

D'où, diable, tombe-t-elle ?

MUSQUETTE, s'asseyant.

Maintenant causons .. sans te fatiguer...

* Ludovic, Musquette.

LUDOVIC.
Bonne Musquette, je te croyais à Spa...
MUSQUETTE.
J'en arrive... C'est là que j'ai tout appris... hier.... par les journaux... Aussitôt je vole à mon hôtel... « Vite, mon compte, mes malles, une voiture... » J'étais folle... Enfin, ce matin, j'arrive... je laisse mes bibelots au concierge, sans monter dans mon appartement... et je cours à la gare Saint-Lazare!... J'étais folle!,..
LUDOVIC.
Il ne fallait pas te déranger...
MUSQUETTE.
J'aurais été dans la lune que j'en serais revenue tout de suite... Pauvre Bébé... Et ça va mieux?...
LUDOVIC.
Un peu mieux... Le docteur espère que dans quelques jours, je pourrai revenir à Paris.
MUSQUETTE, désignant la poitrine.
Peut-on voir ?
LUDOVIC.
Oh! non !
MUSQUETTE.
Mon bon chien bien-aimé... Si je te perdais... j'en mourrais...
LUDOVIC.
Cher ange !
MUSQUETTE, lui passant la main dans les cheveux.
Tu es gentil !... Tu t'es fait friser...
LUDOVIC.
Tu me chatouilles. (A part.) Ah ! elle commence à m'ennuyer...
MUSQUETTE.
Ça te fait plaisir de me revoir... n'est-ce pas ?
LUDOVIC.
Oh! oui... bien plaisir...
MUSQUETTE.
Tu pensais à moi...
LUDOVIC.
Nuit et jour...
MUSQUETTE.
Pauvre Loulou... En venant j'avais peur... Je me disais : — Quand j'arriverai, si tout était fini... Si j'allais le trouver... (Elle se lève.)

LUDOVIC, se levant.

Oh!

MUSQUETTE.

Sais-tu ce que j'aurais fait ?

LUDOVIC.

Non...

MSUQUETTE.

Je t'aurais fait photographier...

AIR : *de la Corde sensible.*

Je me disais : Si je suis veuve,
J'irai chez M. Disdéri,
Je lui ferai faire une épreuve
De mon pauvre Loulou chéri.
Quel bonheur, devant ton image,
De pouvoir dire chaque jour,
Mon adoré, soyez bien sage,
J' m'en vais au bois faire un p'tit tour.
Attendez-moi, soyez bien sage,
Je m'en vais au bois faire un tour.

LUDOVIC.

Merci... (A part.) Ah! mais... il faudrait pourtant voir à s'en aller...

MUSQUETTE, qui s'est levée et examinant l'appartement.

Très-gentil ici... Comment nommes-tu le maître de la maison ?

LUDOVIC*.

Coquillon... M. Coquillon.

MUSQUETTE.

Il est jeune ?

LUDOVIC.

Non, un vieux bonhomme...

MUSQUETTE.

Marié ?

LUDOVIC.

Je crois que oui... J'ai aperçu deux ou trois fois une vieille dame.

MUSQUETTE, riant.

M. et madame Denis. (Elle passe à droite.)

LUDOVIC.

Tout à fait... Tu ôtes ton manteau ?

* Musquette, Ludovic.

MUSQUETTE.

J'étouffe.

LUDOVIC.

C'est que... il est deux heures...

MUSQUETTE.

J'ai bien le temps... je prendrai le train de cinq heures ou de six...

LUDOVIC, à part.

Aïe. (Haut). Je vais te dire... Il faut que je me couche... Le médecin...

MUSQUETTE.

Viens.. Où est ta chambre... Je te ferai la lecture... J'ai acheté le *Petit Journal* ..

LUDOVIC.

Impossible !

MUSQUETTE.

Pourquoi ?

LUDOVIC.

Si M. Coquillon te voyait...

MUSQUETTE.

Eh, bien ?

LUDOVIC.

Un homme très-sérieux... un ancien conseiller d'État..

COQUILLON, en dehors.

Bidois !... Bibois !

LUDOVIC, vivement.

C'est lui ! (S'oubliant et courant dans l'appartement.) Cache-toi... non... remets ton manteau et file... va-t-en...

MUSQUETTE, le regardant avec étonnement.

Qu'est-ce que tu as ?

LUDOVIC, voyant venir Coquillon.

Trop tard ! (Il se blottit dans son fauteuil à droite.)

MUSQUETTE, à part.

C'est singulier !

SCÈNE VI

Les Mêmes, COQUILLON.

COQUILLON, entrant par la gauche.)

Bidois !... Bid... (Apercevant Musquette.) Oh ! pardon ! une visite pour notre pauvre blessé.

* Coquillon, Musquette, Ludovic.

MUSQUETTE, troublée.

Oui... je...

COQUILLON, à part.

Charmante !... (Haut.) Madame... est sans doute une parente...

MUSQUETTE.

Une parente... (Vivement.) Précisément... Sa sœur.

LUDOVIC, à part.

Hein ?... ma sœur !

COQUILLON.

En effet... Il y a un air de ressemblance.

LUDOVIC, à part.

Crétin... va !

COQUILLON.

Seulement madame est mieux. (Galamment). Beaucoup mieux. (Il rit.)

MUSQUETTE, à part.

Il est très-gai, le conseiller d'État... (Haut.) J'ai appris la chose par les journaux... J'étais en Belgique...

COQUILLON.

A Bruxelles... peut-être ?

MUSQUETTE,

Oui... à Bruxelles...

COQUILLON.

J'y avais un correspondant... autrefois... pour mon commerce...

MUSQUETTE.

Un conseiller d'État ?

COQUILLON.

Non, un marchand de laines comme moi...

LUDOVIC, à part.

Aïe... ça se gâte.

MUSQUETTE,

Ah ! monsieur a été...

COQUILLON.

Dans la laine... J'y ai passé trente-deux ans... Coquillon junior... rue du Petit-Carreau... au Singe-Vert.

MUSQUETTE.

Je vois ça d'ici...

COQUILLON, à part.

Très-gracieuse...

MUSQUETTE, bas à Ludovic.

Qu'est-ce que tu me disais donc ?

LUDOVIC, bas à Musquette.
Eh, bien, quoi ? Il cumulait... Tous les jours on vend de la laine, et... mets ton manteau et va-t'en.
MUSQUETTE, à Ludovic.
Pourquoi ?
LUDOVIC, à Coquillon.
Ma sœur est un peu pressée.
COQUILLON.
Oh! permettez au moins que je vous présente madame Coquillon... mon épouse...
LUDOVIC.
Un autre jour... plus tard.
MUSQUETTE.
Mais pas du tout... Je serais désolée de partir sans lui avoir adressé mes remerciements.
LUDOVIC, à Musquette, pendant que Coquillon sonne.
C'est inutile...
MUSQUETTE, bas à Ludovic.
Je veux la voir.
BIDOIS, paraissant.
Monsieur a sonné ?
COQUILLON.
Priez madame Coquillon de venir.
BIDOIS.
La voici... (Caroline paraît au fond.)
MUSQUETTE, la voyant, à part.)
Jeune, je m'en doutais... Et Jolie...

SCÈNE VII

Les Mêmes, CAROLINE.

LUDOVIC, à part*.
Ça se gâte... ça se gâte...
COQUILLON.
Chère amie... Je te présente la sœur de M. de Saint-Vigor. (Les deux dames se saluent. A Musquette.) Madame.
MUSQUETTE.
Athénaïs de Kerbombec... Mon mari était Breton...
LUDOVIC, à Musquette, en lui tirant sa robe
Mais, sapristi...

* Coquillon, Caroline, Musquette, Ludovic.

MUSQUETTE, bas à Ludovic.

Tu m'ennuies.

CAROLINE.

M. votre frère a dû être bien heureux de vous revoir...

MUSQUETTE.

Très-heureux... Ce cher Ludovic. (Bas, en lui pinçant le bras.) Monstre!...

LUDOVIC, poussant un cri.

Oh!...

COQUILLON. *

Un élancement dans la poitrine... Comme tout à l'heure... quand il a voulu prendre la main de ma femme.

MUSQUETTE.

Ah!

LUDOVIC, à part.

Est-il bête de lui raconter ça...

COQUILLON.

Ce qui m'inquiète, c'est qu'il ne mange pas du tout.

LUDOVIC, à part.

S'il me voyait au Helder.

COQUILLON.

Depuis trois jours, il n'a rien pris... Et, chose bizarre... Hier, il a eu une indigestion...

LUDOVIC, à part.

Comment!... il sait...

MUSQUETTE, regardant Ludovic.

La vie a ses mystères...

CAROLINE.

Il a encore besoin de grands ménagements.

MUSQUETTE.

Heureusement que me voilà!... Ce pauvre ami... Si vous le permettez, je ne le quitte plus.

LUDOVIC, à part.

Hein... là-bas.

MUSQUETTE

Je m'installe à son chevet... Je passe mes nuits à le veiller.

LUDOVIC, à part.

Par exemple!

MUSQUETTE.

C'est mon devoir de sœur... (à Ludovic). Oui, monsieur, vous aurez beau me le défendre, je le veux.

* Caroline, Coquillon, Musquette, Ludovic.

LUDOVIC, bas à Musquette.

Permets...

MUSQUETTE, bas à Ludovic le menaçant.

Tais-toi, gredin, anthropophage.

COQUILLON, à part.

Ils s'aiment bien...

CAROLINE, à Musquette.*

Nous avons précisément une chambre à vous offrir... à côté de celle de de M. votre frère.

LUDOVIC, bas à Musquette.

Refuse...

MUSQUETTE.

Je n'aurais pas osé vous faire une pareille demande; mais puisque vous m'offrez...

LUDOVIC, bas à Musquette.

Refuse ..

MUSQUETTE.

J'accepte...

LUDOVIC, à part.

Parfait !

CAROLINE. (Elle remonte vers la deuxième porte à droite).

Si vous le voulez, je vais aller vous installer moi-même...

MUSQUETTE.

Volontiers... Ah ! je vous demanderai la permission d'écrire à Paris... pour me faire envoyer ma malle et mon sac de nuit...

LUDOVIC, à part.

Un déménagement complet...

COQUILLON.

Vous trouverez des plumes... du papier (la saluant). Enchanté, madame...

MUSQUETTE.

Monsieur... (à Ludovic). A bientôt, petit frère... (Elle se penche vers lui, comme pour l'embrasser et lui dit : en le menaçant). Oh ! j'ai l'œil sur toi... sacripant !... (Elle lui lance une très-forte chiquenaude sur le nez).

LUDOVIC, poussant un cri.

Oh !

COQUILLON.

Encore un élancement..

---

* Coquillon, Caroline, Musquette, Ludovic.

ENSEMBLE.

Air : *de Marie* (Herold).

COQUILLON et CAROLINE.
Retirons-nous : faisons silence:
Grâce à vos soins il guérira.
Pauvre garçon! quelle souffrance!
Mais le repos le calmera.

MUSQUETTE.
Encore un peu de patience!
Mais bientôt tout s'éclaircira.
Oh! les hommes! Dieu! quelle engeance!
Gredin, tu me paieras tout ça!
Le chenapan me paiera ça.

LUDOVIC.
De son ennuyeuse présence,
Qui donc me débarrassera.
Ruminons, cherchons en silence,
Un moyen d'arranger tout ça.

(Musquette et Caroline entrent à droite, deuxième plan).

SCÈNE VIII

COQUILLON, LUDOVIC.

COQUILLON.
Madame votre sœur est charmante.

LUDOVIC.
Charmante (à part). Il faut que je trouve un moyen de m'en débarrasser...

COQUILLON, le voyant se lever.
Vous rentrez dans votre chambre ?

LUDOVIC.
Je vais m'y reposer un peu .. parce que... vous comprenez... les émotions... la famille... six pouce de fer...

COQUILLON.
Si vous preniez quelque chose... un befeteack, une côtelette...

LUDOVIC.
Merci... je n'ai pas faim... (à part). Oh! quelle idée! Je file par la fenêtre et je reviens...

COQUILLON, insistant.
Du bœuf à la vinaigrette.. ça se mange sans appétit.
LUDOVIC.
Merci... cher bon... Je vais fermer ma porte... pour être tranquille... (Ludovic entre à droite premier plan et s'enferme).

SCÈNE IX

COQUILLON, puis BIDOIS.

COQUILLON.
Il ne veut rien prendre... ça me contrarie parce que quoiqu'en dise le docteur... la diète ne donne pas de forces...
BIDOIS, paraissant au fond *.
Monsieur.
COQUILLON
Quoi ?
BIDOIS.
C'est deux dames... deux jolies dames.. avec des chignons... qui demandent M. de Saint-Vigor...
COQUILLON.
Ah ! diable !... il repose.
BIDOIS.
Elles disent comme ça qu'elles voudraient avoir de ses nouvelles... des toutes fraîches.
COQUILLON.
Des jolies dames...
BIDOIS.
Oui, monsieur, avec des chignons...
COQUILLON.
Fais les entrer... Je vais les recevoir...
BIDOIS, au fond.
Entrez, mesdames... (Nini et Tata entrent par le fond. Bidois disparait).

SCÈNE X

COQUILLON, NINI et TATA.

COQUILLON, les saluant**.
Mesdames... (à part) très-gentilles...

* Bidois, Coquillon.
** Tata, Nini, Coquillon.

NINI.
Nous désirons voir M. Ludovic...
TATA.
De Saint-Vigor...
COQUILLON.
C'est qu'il repose en ce moment.
NINI.
Ah!... Monsieur est sans doute son médecin.
COQUILLON.
Non... le propriétaire de l'immeuble...
TATA, bas à Nini.
Diable! Un homme sérieux...
NINI, bas.
Attention...
COQUILLON.
Coquillon Junior.. ancien marchand de laines, rue du Petit-Carreau... au Singe vert...
NINI.
Je l'avais deviné... en vous voyant...
COQUILLON, à part.
Très-gentille !
TATA.
Et comment va ce cher Ludovic ?
COQUILLON.
Il ne mange pas, ça m'inquiète... et malgré cela, hier, il a eu une indigestion... C'est bizarre !
NINI.
Pauvre chéri !
COQUILLON.
Ces dames sont sans doute des parentes...
TATA, riant.
Nous !...
NINI, vivement.
Oui... oui... ses nièces...
TATA, étonnée.
Hein?... (Sur un signe de Nini.) Oui... oui... ses... deux nièces...
COQUILLON.
En effet, il y a une certaine ressemblance... (A part.) Il a une très-jolie famille... Côté des dames... (Haut.) Tiens... comme ça se trouve... madame votre mère est ici...
NINI et TATA, très-étonnées.
Maman...

COQUILLON.

Oui, la sœur de M. de Saint-Vigor... Madame de Kerbonbec... Elle arrive de Belgique.

NINI et TATA, se regardant.

Ah!

COQUILLON.

A moins que ça ne soit votre tante... car elle me paraît bien jeune... pour des fonctions maternelles aussi avancées...

NINI.

Oui, c'est notre.. (à Tata) de la famille... Si nous filions...

TATA, bas à Nini.

Avec amour... (Haut.) Nous avons une visite à faire... dans le voisinage... *

NINI.

Nous reviendrons quand ce cher oncle sera réveillé....

COQUILLON.

Attendez un peu... Je vais prévenir madame de Kerbonbec.

NINI, le retenant. **

C'est inutile... nous la verrons plus tard... à notre retour... (Saluant)... Monsieur.

MUSQUETTE, entrant à la cantonnade.

Mille remerciments, je suis confuse...

COQUILLON.

C'est elle !

NINI et TATA à part.

Pincées ! (Elles descendent vivement).

SCÈNE XI

Les Mêmes, MUSQUETTE puis BIDOIS.

NINI, bas à Tata.

Ah ! bah ! Musquette ! (Courant à Musquette. Haut). Bonjour ma tante...

TATA, même jeu.

Bonjour, ma tante.

MUSQUETTE. ***

Hein ! (Bas. Les reconnaissant). Nini, Tata !

---

* Nini, Tata, Coquillon.
** Tata, Nini, Coquillon.
*** Coquillon, Tata, Musquette, Nini.

NINI, bas à Musquette.

Les nièces de Ludovic...

TATA, de même.

Comme tu es sa sœur...

NINI, de même.

A cause du vieux.

MUSQUETTE, bas.

Compris...

COQUILLON, à part.

Très-jolie famille.

NINI.

Vous avez fait un bon voyage, ma tante?

MUSQUETTE.

Excellent, ma nièce...

COQUILLON.

M. de Saint-Vigor repose en ce moment... Mais quel plaisir à son réveil de trouver toute sa famille réunie.....

NINI.

Il sera enchanté...

MUSQUETTE.

Enchanté.

COQUILLON.

J'espère que ces dames voudront bien nous faire l'honneur d'accepter notre modeste dîner?

MUSQUETTE.

C'est trop de bonté...

COQUILLON.

Je vous en prie... sans cérémonie.

MUSQUETTE, aux autres.

Pourquoi pas?

NINI, bas.

Ce sera drôle!

COQUILLON.

C'est convenu! Et si, en attendant le diner, ces dames voulaient se rafraîchir...

TATA.

Volontiers... J'en crève... (Musquette et Nini la font taire.)

COQUILLON, sonnant.

Je vais donner des ordres...

BIDOIS, entrant.

Monsieur a sonné.

COQUILLON.
Des rafraîchissements pour ces dames... De l'eau sucrée... de la bière...
NINI.
De l'eau-de-vie, du rhum...
TATA.
Du champagne... du punch.
MUSQUETTE.
Un peu de tout...
COQUILLON, à part.
Elles ne sont pas difficiles. (A Bidois.) Tu nous serviras dans le kiosque... (A Musquette.) Pour ne pas troubler M. votre frère, qui a besoin de calme...
BIDOIS.
Oui, monsieur.
COQUILLON.
Ah! Si M. de Saint-Vigor se réveillait, dis lui que ses nièces sont arrivées.
BIDOIS.
Bien, monsieur.
COQUILLON, offrant ses deux bras à Musquette et à Nini.
Mesdames... (A Tata.) Je regrette de n'en avoir que deux... Mais la plus belle fille du monde ne peut offrir...
TATA.
Ah! Charmant.

ENSEMBLE.

AIR : *de la veuve du Malabar.*

COQUILLON et les trois femmes.
Trop heureux de nous offrir
Quelques instants de plaisir!
Laissons Ludovic dormir,
Et vite, allons nous rafraîchir.

BIDOIS.
Trop heureux de vous offrir
Quelques instants de plaisir!
Laissez votre oncle dormir,
Et vite, allez vous rafraîchir.

(Tous sortent par le fond, excepté Bidois, occupé à prendre dans une armoire des verres et des bouteilles qu'il place sur un plateau.)

SCÈNE XII

BIDOIS, puis CAROLINE.

BIDOIS, disposant le plateau.

Ses nièces !... Toute la famille va donc venir s'établir ici...

CAROLINE, entrant par le deuxième plan de droite, désignant le plateau

Qu'est-ce que vous faites là ?

BIDOIS.

Ce sont des rafraîchissements que je porte dans le kiosque... pour monsieur...

CAROLINE.

Quatre bouteilles !

BIDOIS.

Pour monsieur... et pour les nièces de M. de Saint-Vigor.

CAROLINE.

Ses nièces !...

BIDOIS.

Deux très-jolies dames qui viennent d'arriver... avec des chignons...

CAROLINE.

C'est bien... allez... (Bidois sort.) Je me disais aussi... Sa famille l'abandonne... depuis quatre jours... Pauvre jeune homme ! (Souriant.) M. Coquillon a beau dire : ses forces reviennent... Je m'en suis bien aperçue ce matin... quand il m'a serré la main... C'est singulier !... Il me semble que lorsqu'il s'en ira, il me manquera quelque chose.. Il est si brave... si courageux... Eh bien?... Qu'est-ce que je dis donc là ?... Et mon mari?... Un joli, monsieur !... qui, lorsqu'il reçoit un soufflet, dit : Recommencez pour voir...

BIDOIS, entrant vivement.

Madame... madame !...

CAROLINE.

Qu'y a-t-il ? Vous m'avez fait peur...

BIDOIS.

C'est un parent de M. de Saint-Vigor...

CAROLINE.

Encore !..

BIDOIS.
Son oncle... avec des moustaches...
CAROLINE.
Un militaire!.. Prévenez mon mari.
BIDOIS.
Monsieur l'a aperçu... Ah! les voici ensemble... (Bidois sort. Coquillon paraît au fond avec Ludovic, déguisé, grande redingotte, moustaches, etc.)*

SCÈNE XIII

CAROLINE, COQUILLON, LUDOVIC.

COQUILLON.
Entrez monsieur. (A Caroline.) M. de Saint-Vigor... ancien chirurgien militaire.... Madame Coquillon, mon épouse...
LUDOVIC *.
Madame !.. jolie femme... très-jolie femme...
CAROLINE, confuse.
Monsieur.
LUDOVIC.
La vérité toujours... L'habitude des camps... Vieux militaire... C'est vous qui avez recueilli mon neveu. (Regardant l'appartement.) Jolie caserne... bonne ambulance... Permettez que je vous témoigne ma reconnaissance... (Il embrasse Caroline.)
COQUILLON.
Très-flatté...
LUDOVIC, à Coquillon.
Je n'embrasse pas les hommes...ça me dégoûte... Vous m'avez dit qu'il dort... Parfait... Laissons-le dormir... causons...
CAROLINE.
Une chaise...
LUDOVIC.
Jamais... toujours debout... Je dors sur un canon. L'habitude des camps... J'étais à Saumur... jolie ville... un café... de vieux amis... J'ai lu son duel dans le journal... Transporté chez Coquillon !.. recueilli par Coquillon...

* Coquillon, Ludovic, Caroline.

Brave Coquillon!... Toute ma reconnaissance... vous permettez... (Il embrasse Caroline.)

COQUILLON, à part
Beaucoup de cœur!

LUDOVIC, à Coquillon.
Je n'embrasse jamais les hommes... ça me dégoûte... je leur serre la main... ça me suffit. (Il serre la main de Coquillon.)

COQUILLON.
Aïe.

LUDOVIC.
Nous disons... blessé...

COQUILLON.
Six pouces de fer dans la poitrine... mais on les lui a retirés...

LUDOVIC.
Imbécile!.. Pas vous... Ludovic...On tue son homme... on ne se laisse pas blesser... moi, qui vous parle... six duels cinq hommes morts... Le sixième endommagé... un témoin...

COQUILLON.
Un témoin!

LUDOVIC.
C'était au pistolet... la balle a dévié... Pan!.. brrritt!.. brrritt! (Il imite le coup qui part et la balle qui dévie.) Témoin atteint... un monsieur que je ne connaissais pas... un notaire... bras cassé!

COQUILLON
Diable!

LUDOVIC.
Avec moi, pas de balle perdue... mouche à tout coup.

COQUILLON.
Oui... mais un témoin... un notaire...

LUDOVIC.
Ça compte tout de même... C'est sa faute... Il voyait venir... Il devait se garer...

COQUILLON.
C'est juste!

CAROLINE.
Ainsi, vous n'avez jamais été blessé?

LUDOVIC.
Une fois... En Afrique... Une égratignure... qui m'a fondu le crâne... Voyez!... (Il ôte son chapeau, et montre une

balafre en travers du front.) Plus de tête!... Une tirelire! C'est ma faute!... Je voyais venir, j'aurais dû me garer... Je faisais partie d'une reconnaissance, parce que la reconnaissance... c'est mon fort... vous permettez... (Il embrasse Caroline.)

COQUILLON.

Très... très-affectueux...

LUDOVIC.

Jolie femme!... Je n'embrasse jamais les hommes.

COQUILLON.

Vous me l'avez déjà dit.

LUDOVIC.

Et le petit va mieux?...

CAROLINE.

Beaucoup mieux...

COQUILLON.

Seulement, il ne mange pas...

LUDOVIC

La diète... bonne chose!... Qu'est-ce qu'il fait toute la journée...

COQUILLON.

Il se repose... Ma femme cherche à le distraire...

LUDOVIC.

Très-bien... Jolie femme!... Beaucoup de distractions...

CAROLINE.

Je lui fais un peu de musique...

LUDOVIC.

Musicienne... moi aussi... autrefois le flageolet,.. J'ai composé une symphonie sur *la prise de Sébastopol*... La connaissez-vous ?

COQUILLON.

Non!... Je le regrette...

LUDOVIC.

Vous voulez la connaître... très-bien... Avez-vous des clarinettes, des clairons, des fifres... des tambours, des ophycléïdes... des trombonnes... et quelques grosses caisses.

COQUILLON.

Pas pour le moment.

LUDOVIC.

Ça ne fait rien... ça s'exécute aussi sans instruments... avec la bouche... Il fait nuit...l'ennemi dort...(Le sommeil du troupier c'est le trombonne (Il imite le ronflement.) Nous

nous mettons en route, pour le surprendre... avec nos canons... un essieu se rompt... ce sont les violons sur la chanterelle... à la Wagner... cric... crac ! (Il imite l'essieu qui se rompt) L'ennemi s'éveille. (Il imite des ronfleurs qui se réveillent. Les avant-postes tirent sur nous (il imite). Nous ripostons par un feu de file (il imite). La cavalerie accourt au galop (il imite le galop des chevaux), fusillade des deux côtés... Bataille... (il fait un bruit d'enfer avec ses pieds, ses mains, sa bouche en imitant les coups de canon, les clairons, les coups de fusil, etc).

COQUILLON, cherchant à le faire taire.

Chut ! donc ! vous allez réveiller votre neveu...

CAROLINE.

Sa chambre est là...

LUDOVIC.

Très-bien... la suite à demain...

COQUILLON.

A propos madame votre nièce est ici.

LUDOVIC.

Ma nièce, Madame de Kerbonbec.

COQUILLON.

Précisément.

CAROLINE.

Une femme charmante.

LUDOVIC.

Nous sommes en froid... à cause de son mari... un Breton... Têtus, les Bretons !...

COQUILLON.

Nous avons aussi deux autres personnes de votre famille...

LUDOVIC, à part, très-étonné.

Deux autres...

CAROLINE.

Elles viennent d'arriver...

LUDOVIC.

Qui ça ?

COQUILLON.

Deux nièces de madame de Kerbonbec.

LUDOVIC, à part.

Sapristi !... Des amies de Musquette ! (Haut). Je sais.... nous sommes en froid...

COQUILLON, à part.

Il est donc en froid avec toute sa famille ?

LUDOVIC.
N'importe!... Je veux les voir... où sont-elles ?
COQUILLON.
Dans le kiosque... en train de se rafraîchir.
LUDOVIC, à part.
Elles gobelotent! (Haut). Envoyez-les moi... sans dire mon nom... Elles ne viendraient pas...
COQUILLON.
Je leur dirai que monsieur Ludovic est réveillé...
LUDOVIC.
Parfait...
CAROLINE, saluant.
Monsieur...
LUDOVIC.
Toute ma reconnaissance... vous permettez... (Il embrasse Caroline. A Coquillon). Je n'embrasse jamais les hommes...
COQUILLON.
Je sais... aussi je ne vous le demande pas...
LUDOVIC.
Ça me dégoûte! çà me dégoûte! (Caroline entre à gauche et Coquillon sort par le fond).

SCÈNE XIV

LUDOVIC, puis MUSQUETTE, NINI et TATA.

LUDOVIC, voix naturelle.
Mes deux nièces ?... Qui diable, ça peut-être ? heureusement que je vais balayer tout ça... c'est le concierge de la maison, un ancien garçon du café anglais... qui m'a reconnu... et m'a prêté ce costume... pour deux louis... une ancienne défroque de son oncle... balâtre au charbon... moustache en crin... de vieux fauteuil... (Rires au dehors). On vient. (Regardant). Musquette... et mes deux nièces... Tiens! Nini et Tata... Attention!... Préparons le balai!...

MUSQUETTE, NINI et TATA entrent par le fond en riant; et s'arrêtent en voyant le colonel.
Oh! un étranger.
LUDOVIC *.
Approchez, mesdemoiselles...

---

* Tata, Musquette, Ludovic, Nini.

MUSQUETTE.
On nous avait dit que M. Ludovic...
LUDOVIC.
Silence ! Et taisons nos becs...
LES TROIS FEMMES.
Nos becs !
LUDOVIC.
Hercule de Saint-Vigor... l'oncle de Ludovic...
MUSQUETTE et TATA.
Son oncle !
NINI, bas.
C'est vrai, qu'il lui ressemble...
LUDOVIC.
Ludovic... orphelin... Ludovic... pas de sœurs... pas de nièces... (Avec force.) Cré mille soupières... Entendez-vous! pas de sœurs... pas de nièces... vous êtes des farceuses... des impures...
MUSQUETTE.
Je vais vous dire.
LUDOVIC.
Assez... Je vous ai vues à l'Alcazar... (A Nini.) Nini la Gimbarde...
NINI, à part.)
Il me connaît...
LUDOVIC.
Vous chantiez : Encore un qui ne l'aura pas. (Désignant Tata.) Et vous, Tata, la marmotte...
TATA, à part.
Il me connaît aussi...
LUDOVIC.
Vous chantiez : Ça me chatouille dans le nez... Attchi!..
(Il éternue avec force. Les trois femmes reculent effrayées.) Oh!
LUDOVIC, prenant le menton de Musquette.
Et cette trompette-là, mademoiselle Musquette...
MUSQUETTE, tremblante.
Permettez...
LUDOVIC.
Silence !... Des farceuses! des impures !..

Air : *de M. Serpette*

Cré nom ! de nom !
Tromper Coquillon !
Des donzelles,
Des péronelles !
Heureusement que me voilà !
Je suis là !
Me voilà !
Pritt ! Pritt ! me voilà !

Retournons vite à l'Alcazar !
Nièces et tante de hasard,
Respectez ce modeste asile ;
Allez-vous-en sur vos tréteaux,
Montrer au public vos museaux,
Et laissez Ludovic tranquille.
Le pied gauche en avant !
Décampons sur-le-champ.

Cré nom ! de nom ! etc.

(Pendant l'air, les trois jeunes filles fuient constamment devant lui, et font le tour du théâtre, de manière, à la fin, à venir reprendre leurs positions à gauche.)

Le sac au dos... relevons nos gibernes et décampons...

MUSQUETTE, effrayée.

Oui, monsieur.

LUDOVIC, criant.

Assez... Je vais secouer mon neveu... Si je vous retrouve ici,.. je vous flanque dans le bassin... toutes... la tête en avant... hop !...

LES TROIS FEMMES

Oh !

LUDOVIC, criant.

Assez !... (Frappant violemment à la porte de droite.) Cré mille... mill.. (Se retournant.) Qui a parlé? La guimbarde... ou la marmotte... Personne !...

REPRISE DU REFRAIN.

Cré nom ! de nom ! etc.

(Il entre.)

SCÈNE XV

MUSQUETTE, NINI, TATA, puis BIDOIS.

MUSQUETTE *.
Il n'est pas commode, l'oncle à moustaches!
TATA.
J'en ai assez de la famille... je file...
NINI.
Moi aussi... Si nous allions dîner à Saint-Germain.
TATA.
Chez Henri IV.
NINI.
Ou à la caserne... J'ai des amis. (A Musquette, qui est allée prendre son sac de voyage au fond.) Viens-tu !
MUSQUETTE.
C'est que... Laisser Ludovic ici... avec cette femme...
NINI.
Tant pis...
BIDOIS, entrant avec un plateau, par la droite
C'est une lettre pour madame de Kerbonbec!
MUSQUETTE.
Pour moi ?
BIDOIS.
Et des bagages qui viennent d'arriver...
MUSQUETTE.
Les miens...
MUSQUETTE, qui a ouvert la lettre — aux femmes qui se rapprochent.
C'est de Pauline... Je lui avais écrit de m'envoyer mes malles... (Parcourant la lettre.) Ah ! le gueux !..
NINI, même jeu.
Le sacripant !
TATA, même jeu.
Le Paltoquet.
MUSQUETTE, avec animation.
Oui... je pars... mais avant, le feu à la mèche... Gare la bombe !.. (Appelant.) Garçon !.. Garçon !..

* Tata, Musquette, Nini.

BIDOIS, qui était occupé à serrer le plateau.
Bidois... madame... Bidois...
MUSQUETTE,
Cette lettre à M. Coquillon... Tout de suite... Tire-toi de là, mon bonhomme! (Elle sort par le fond avec Nini et Tata.)

SCÈNE XVI

BIDOIS, puis COQUILLON.

BIDOIS.
C'est bizarre!.. les lettres des autres, j'ai toujours envie de les lire... c'est dans la nature... oh! monsieur... (Coquillon, entrant par la gauche.)
COQUILLON.
Ah! M. de Saint-Vigor est chez son neveu... Et ces dames?
BIDOIS.
Dans le jardin... Une lettre que madame de Kerbonbec m'a remise pour monsieur...
COQUILLON.
C'est bien, va-t-en. (Bidois sort.)

SCÈNE XVII

COQUILLON, puis CAROLINE.

COQUILLON, lisant.
« Ma toute belle... Comment!.. (Regardant.) A son
» adresse!.. que signifie?.. » (Lisant.) « Ton Ludovic est
» un farceur... Il n'est pas blessé... Pas blessé, — une
» simple piqûre dont il est guéri depuis trois jours... —
» Ah! bah! — « Il nous l'a raconté au Helder, où il vient
» souper avec nous, toutes les nuits » — (Parlé.) Il va
» souper à Paris... la diète s'explique... l'indigestion
» aussi... (Lisant.) C'est un turc... (Se reprenant.) Non... un
» truc... pour faire la cour à madame Coquillon... l'an-
» cienne tabatière... de la rue Taitbout... dont il est
» amoureux... » — Ah!... le drôle! (Lisant) « Et dont le
» mari un vieux décrépi... » Assez... (Criant comme si on

continuait à lire.) Assez !.. (Allant à la gauche et appelant.) Caroline !.. Tabatière !... (Appelant.) Caroline !

CAROLINE, entrant par la gauche.

Qu'y a-t-il mon ami ?

COQUILLON, dans la plus grande agitation.

Ce qu'il y a ?... non... M. de Saint-Vigor... (Courant à droite, et appelant.) M. de Saint-Vigor !...

SCÈNE XVIII

LES MÊMES, LUDOVIC, déguisé, puis BIDOIS.

LUDOVIC, entrant.

Le feu à la maison !...

COQUILLON, suffoqué.

Non... la surprise.. l'émotion... cette lettre que... madame de Kerbonbec... Lisez.

LUDOVIC, parcourant la lettre, à part.

Oh !... sapristi ! une lettre de Pauline. (La lui rendant. Haut.) Inutile !... Je sais tout... Ludovic, un drôle !... un polisson !... J'ai voulu voir sa blessure... pas blessé, simple piqûre.

COQUILLON, à Caroline.

Tu entends... pas blessé... simple piqûre.

CAROLINE.

Comment !

LUDOVIC.

Tout avoué... Amoureux de madame...

COQUILLON.

Tu entends...

CAROLINE.

Amoureux de moi !...

COQUILLON, exaspéré.

Vouloir me faire...

LUDOVIC.

Oui... Vouloir vous faire... Cré mille millions... aussi... v'lan ! giflé... par derrière... (Il fait le geste de donner un coup de pied.) Flanqué à la porte... par la fenêtre !...

CAROLINE.

Oh !

* Caroline, Coquillon, Ludovic.

COQUILLON.
Vraiment ?
LUDOVIC, désignant la chambre de droite.
Voyez... Parti !... Personne! (Coquillon s'y précipite et disparaît.) Cré mille millions!...
CAROLINE.
Je vous en prie... pardonnez-lui.
LUDOVIC, de sa voix naturelle.
Ne craignez donc rien... C'est moi...
CAROLINE, le reconnaissant.
M. Ludovic...
LUDOVIC, avec feu.
Qui vous aime... Depuis la rue Taitbout !... Ange de la régie !...
CAROLINE, voyant revenir Coquillon.
Mon mari !..
LUDOVIC.
Chut !... Amour et Londrès !...
COQUILLON, rentrant.
Personne !... Ah ! le gueux !
LUDOVIC.
Voulez-vous que je le déshérite... v'lan c'est fait !
COQUILLON, lui serrant la main.
Merci... Ça me console... Vous passez quelque temps à Paris, promettez-moi de venir nous voir souvent.
LUDOVIC.
Tous les jours.
CAROLINE, à part.
Par exemple !
COQUILLON.
Si j'osais vous offrir... nous avons là une chambre...
LUDOVIC.
J'accepte...
CAROLINE.
Mais mon ami...
COQUILLON, à Caroline.
Laisse-moi faire... (à Ludovic). Je m'absente souvent, si le drôle se permettait de revenir...
LUDOVIC.
Ne craignez rien... tant que je serai là, il ne remettra pas les pieds ici...

* Caroline, Ludovic, Coquillon.

COQUILLON.
Brave ami... vous dînez avec nous...
LUDOVIC.
Naturellement. (Coquillon sonne).
CAROLINE, à part.
Oh !... les maris !... tous les mêmes !...
COQUILLON, à Bidois qui paraît.
Un couvert pour monsieur...
BIDOIS.
On va servir...
COQUILLON.
Prévenez ces dames...
LUDOVIC.
Inutile!... parties depuis longtemps...
BIDOIS.
Mais non, monsieur, les voilà (il sort).
LUDOVIC, à part.
Encore ici !
COQUILLON, à Ludovic.
Je sais que vous êtes en froid... mais au dessert... (Musquette, Nini et Tata entrent par le fond).

SCÈNE XIX

Les Mêmes, MUSQUETTE, NINI, TATA.

COQUILLON, à Musquette *.
Chère madame... quel service votre lettre m'a rendu!...
MUSQUETTE.
Je vous en prie... ne parlons plus de ça. (A Ludovic.) Eh! bien ! monsieur de Saint-Vigor!
LUDOVIC, bas aux trois femmes en les menaçant.
Encore ici !... Cré mille millions !...
MUSQUETTE, le regardant avec beaucoup de calme.
Oh ! tu sais... il ne faut plus nous la faire...
LUDOVIC, étonné.
Hein?

* Caroline, Coquillon, Musquette, Ludovic, Nini, Tata.

NINI, à Ludovic.

Nous la connaissons...

TATA, de même.

Elle est mauvaise.

LUDOVIC, interdit

Comment ?

MUSQUETTE, bas.

Le concierge... Henri... l'ancien garçon du café Anglais, m'a reconnu... Il m'a tout dit.

LUDOVIC, à part.

Sapristi !

MUSQUETTE, bas à Ludovic.

Gredin. (Elle lui arrache sa moustache, et passe à droite.

LUDOVIC*.

Oh !

COQUILLON et CAROLINE.

Quoi ?

MUSQUETTE.

Rien !

COQUILLON, à Caroline.

Ils font la paix.

LUDOVIC, bas à Musquette.

Rends-moi ma moustache.

MUSQUETTE.

Non !

LUDOVIC, bas.

Rends-moi ma moustache !

COQUILLON, à Ludovic qui met son mouchoir sur sa bouche.

Mais qu'avez-vous donc ?

MUSQUETTE.

Une rage de dents qui vient de le prendre à l'instant..

COQUILLON, à Ludovic.

Vous y êtes sujet... (Ludovic fait signe que oui.) moi, je n'en souffre jamais..

NINI.

Vous avez un moyen.

COQUILLON.

Non... j'ai un ratelier.

* Caroline, Coquillon, Ludovic, Musquette, Nini, Tata.

LUDOVIC, bas à Musquette.
Rends-moi ma moustache.
MUSQUETTE.
M. de Saint-Vigor désire rentrer à Paris... pour voir un dentiste..
COQUILLON.
Vous ne dinez pas avec nous...
MUSQUETTE.
Impossible ! (Elle pince Ludovic.)
LUDOVIC.
Oh !.. Impossible..
MUSQUETTE.
D'autant plus que je repars ce soir pour la Belgique... Et qu'il désire absolument m'accompagner...
LUDOVIC, bas à Musquette.
Soit : mais rends-moi ma moustache.
MUSQUETTE, bas à Ludovic.
En chemin de fer...
COQUILLON.
Je n'insiste pas.
CAROLINE, à part.
Ce n'est pas malheureux.
COQUILLON.
Vos adieux à ma femme.
LUDOVIC, bas à Caroline.
Amour et Londrès !
CAROLINE.
Monsieur..
LUDOVIC, la saluant respectueusement.
Madame...
COQUILLON, bas à Ludovic.
N'oubliez pas que vous avez toujours votre chambre là...
LUDOVIC, bas.
Très-bien.
MUSQUETTE, prenant vivement le bras de Ludovic.
En route.
COQUILLON.
Mesdames. (A part.) Ravissante famille !

ENSEMBLE.

Air : *de M. Serpette.*

MUSQUETTE, TATA et NINI.
Allons, marchons,
Vite décampons.
Son audace
Me surpasse !
Heureusement le voilà pris.
A Paris! (*ter.*)

LUDOVIC, à part.
Cré nom! de nom !
Quitter Coquillon !
Sa menace
Me terrasse !
Ah! quel malheur ! me voilà pris.
A Paris.

COQUILLON.
Nous vous gardons,
Nous vous réservons,
Quoiqu'on fasse
Ici votre place !
Souvenez-vous de vos amis.
A Paris! (*ter.*)

CAROLINE.
Pauvre garçon !
Mais quelle leçon !
Son audace
Me surpasse !
Heureusement le voilà pris.
A Paris! (*ter.*)

(*Salutations réciproques.* — Musquette entraîne Ludovic.)

FIN

Poissy. — Typ. S. Lejay et Cie.

EN VENTE CHEZ DENTU, ÉDITEUR

RÉPERTOIRE DU THÉÂTRE MODERNE

- Action Paulera, comédie, 1 acte........ 1
- Roi alliées, comédie, 3 actes.......... 1
- L'Alphabet de l'Amour, comédie, 3 actes. 1
- Les Amours d'Été, fol. v., 1 acte...... 50
- L'Amour qui dort, comédie, 1 acte..... 1
- L'Auteur de la pièce, comédie, 1 acte.. 1
- Un Avocat du beau Sexe, comédie, 1 acte 1
- L'Avocat des Dames, comédie, 1 acte... 1
- Un bal d'Alsaciennes, mascarade, 1 acte. 1
- Les Balayeuses, comédie, 1 acte....... 1
- La Bergère de la rue Monthabor, c., 3 a. 2
- Les bienfaits de Champavert, c. 1 acte.. 1
- La Bigame sans le savoir, 3 acte...... 1
- Le Bouchon de Carafe, v., 1 acte...... 1
- La Cagnotte, c.-v., 5 actes............ 2
- Les Calicots, vaudeville, 3 actes....... 50
- Les Campagnes de Boisfleury, v., 1 acte. 1
- Célimare le Bien-Aimé, comédie, 3 actes. 2
- La Chanson de la Marguerite, v., 2 actes 1
- La Chercheuse d'Esprit, op.-com. 2 a.. 1
- Cinq-cents francs de récompense, v., 1 a. 1
- Cinq par jour, folie-vaudeville, 1 acte.. 1
- La Comode de Victorine, c.-v., 1 acte.. 1
- La Comtesse Mimi, comédie, 3 actes.... 2
- Les Contributions Indirectes, c.-v., 1 a. 1
- Corneille à la butte St-Roch, c., 1 a. en v. 1
- La Corneille Jaune, vaudeville, 1 acte.. 1
- La Dame au petit chien, com.-vaud., 1 a. 1
- La Dame du Lac, coméd.-vaud., 1 acte.. 1
- Dans mes meubles, vaudeville, 1 acte.. 1
- La Dernière grisette, vaudeville, 1 acte. 1
- Le Dernier couplet, comédie, 1 acte.... 1
- Deux Permissions de dix heures, op., 1 a. 1
- Le Doyen de Saint-Patrick, drame, 5 a.. 2
- Eh! Allez donc, Turlurette, revue, 3 actes. 1 50
- Le Ballon, rev. en 3 actes et 15 tableaux. 50
- La Fanfare de St-Cloud, opérette, 1 acte. 1
- La Femme coupable, drame, 5 actes.... 2
- Une Femme dégelée, vaudeville, 1 acte.. 1
- Une Femme qui bat son gendre, c.-v., 1 a. 1
- Les Femmes sérieuses, com.-vaud., 5 a.. 2
- Une Femme, un Melon et un Horloger, v.1a. 1
- La Fiancée du Roi de Garbe, op.-c., 3 a.. 2
- La Fiancée aux millions, c., 3 a., en vers. 1 50
- Les Ficelles de Montempoivre, v., 3 a... 2
- La Fille bien gardée, com.-vaud., 1 acte. 1
- La Fille de Molière, coméd., 1 a., en vers. 1
- Les Filles mal gardées, comédie, 3 actes. 2
- Le Fils aux deux Mères, drame 5 actes.. 50
- Les Finesses de Bouchavanne, com., 1 a. 1
- La Fleur du Val-Suzon, op.-com., 1 acte. 1
- Les Gammes d'Oscar, folie-vaud., 1 acte. 1
- L'Héritier du Mari, c. mêlée de coupl., 1 a. 1
- Un Habit par la fenêtre, vaudeville, 1 a. 1
- Un Homme de Bronze, com.-vaud., 1 a. 1
- L'Homme de Bien, comédie, 4 actes.... 2
- L'Homme du Sud, à propos burlesque
- mêlé de couplets.................... 1
- L'Homme entre deux âges, opérette, 1 a. 1
- L'Homme qui manque le Coche, c.-v., 3 a. 2
- Les Illusions de l'amour c., 1 a., en vers. 1
- Jérôme Pointu, opérette, 1 acte........ 1
- La Jeunesse du roi Henri, 5 actes et 7 a. 50
- La Jeunesse de Piron, comédie, 1 acte.. 1
- J'veux ma Femme, vaudeville, 1 acte... 1
- Joli-Jobard, pièce, 5 actes............. 50
- Le Joueur de Flûte, vaudeville romain.. 1
- Un Jour de Première, com.-vaud., 1 acte. 1
- Lâches tout! revue, 3 a. et 15 tableaux... 50
- Léonard, drame, 5 actes et 7 tableaux... 50
- La Loge d'Opéra, comédie, 1 acte...... 1
- Macbeth (de Shakspeare), dr., 5 a. en vers. 2
- La Maison Rouge, comédie........
- La Malle de Lise, sc. de la vie.........
- M'ame Maclou, folle mère d........
- Un Mari qui lance sa F.............
- Le Mariage de Yodel, com.........
- Les Médecins, pièce en ....
- Le Médecin volant, farce en ......
  lière à Pézenas, prologue.........
- Les Médiums de Gênes............
- Même Maison, vaudeville.........
- Les Mémoires d'une J............
  vaudeville, 2 actes...............
- Les Mémoires de Réséda..........
- Le Minotaure, comédie...........
- Misanthropie et Repentir..........
- Moi, comédie, 3 actes.............
- Mon Joli fait peur, parodie........
- Un Monsieur qui a perdu..........
- Monsieur Boude, sc. de la vi......
- Monsieur de la Racine, ...
- Les Mousquetaires du Cardinal....
- Une Niche de l'Amour, com.......
- Les Orphéonistes en Voyage......
- L'Orphéon de Poully-les-Di.......
- Les Ondines du Champagne........
- Les Parrains éternels, p. en.......
- Le Paradis trouvé, coméd.........
- Pataud, vaudeville, 1 acte........
- Permettez, Madame! comédie.....
- Les Perruques, par rev...........
- Nos Petites faiblesses, com.......
- Le Petit de la rue du Pont.......
- Les Petits oiseaux, comédie.......
- Le Piffaro, comédie-vaud.........
- Le Pilotin du Grand Trois-Pont....
- Les Plantes parasites ou la Vie...
  comédie, 4 actes................
- Une Pluie de bouquets, vaud......
- Le Premier pas, comédie, 1 acte..
- Premier prix de Piano, coméd....
- Les Projets de ma Tante, com....
- Le Propriétaire à la porte, com...
- Prudence est Sûreté, proverbe....
- Que c'est comme un Bouquet
  revue, 3 actes et 12 tableaux....
- Les Relais, comédie, 2 actes......
- Le Rêve, opéra-comique, 1 acte...
- La Revue au Cinquième étage.....
- Le Roi des Mines, opéra, 3 actes..
- Les Scrupules de Jouin, vaud....
- Le Secret du Grand-Albert, com..
- Une Semaine à Londres, voyage
  ment et de luxe, folie-vaud......
- La Servante maîtresse, op........
- Le Sommeil de l'Innocence, c....
- Sous Cloche, vaudeville, 1 acte...
- Les Supplices des Femmes, f....
- Sous les Toits, vaudeville, 1 act..
- La Tante Honorine ou les H.....
  comédie, 3 actes................
- Un Ténor pour tout faire, opérette
- Les Trente-Sept Sous de M. Monta...
  comédie-vaudeville, 1 acte.....
- La Tribu des Rousses, vaud......
- Les Truffes, comédie, 4 actes....
- La Veillée Allemande, drame....
- La Vieillesse de Bridau, com....
- Les Virtuoses du Pavé, vaud....
- La Volonté, comédie en...........
- Le Vrai Courage, comédie.......
- Le Zouave de la Garde, drame...
- Le Voyage en Chine, op........

Poissy. — Typ. S. Lejay et Cie.

www.ingramcontent.com/pod-product-compliance
Lightning Source LLC
Chambersburg PA
CBHW060938050426
42453CB00009B/1072